寝《ね》る前《まえ》5分《ふん》
暗《あん》記《き》ブック

小1

Gakken

もくじ

★りか

★しゃかい

★こくご ※こくごは うしろがわから はじまります。

この 本《ほん》の とくちょうと つかいかた

★この 本《ほん》の とくちょう

ねる まえに たのしく べんきょうできる！

ねる まえに おぼえた ことは わすれにくいと いわれて います。
まいにち つづけましょう。

★この 本《ほん》の つかいかた

①「こんや おぼえること」を おんどくしましょう。
②「こんやの おさらい」を よみましょう。
赤《あか》フィルターを のせると，赤《あか》い 文字《もじ》が 見《み》えなく なります。
おぼえたか どうか チェックする ときに つかいましょう。

こんや おぼえること

2.たしざん①
★こんや おぼえること
2この おにぎりと 3この
おにぎりを あわせると 5こ。
2+《たす》3=《は》5

さんすう
9

こんやの おさらい

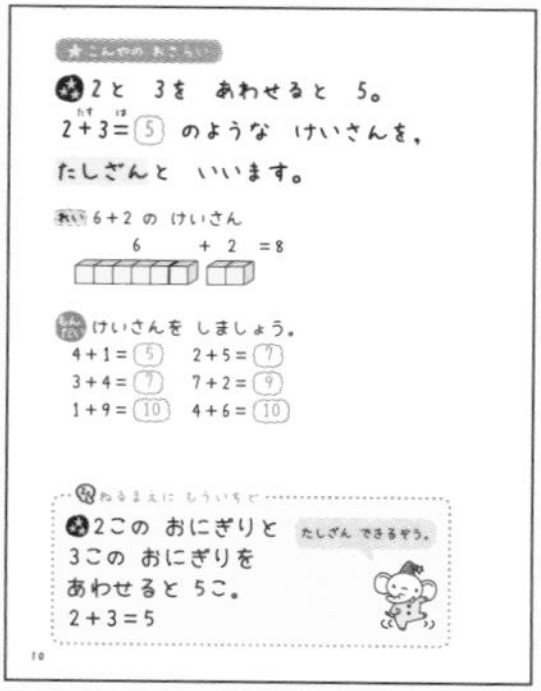
★こんやの おさらい
2と 3を あわせると 5。
2+《たす》3=《は》5 のような けいさんを，
たしざんと いいます。
れい 6+2 の けいさん
6 + 2 =8
もんだい けいさんを しましょう。
4+1=5　2+5=7
3+4=7　7+2=9
1+9=10　4+6=10
ねるまえに もういちど
2この おにぎりと
3この おにぎりを
あわせると 5こ。
2+3=5

10

1. 10は　いくつと　いくつ

□　がつ　にち
□　がつ　にち

★こんや おぼえること　おんどくしよう

10は、 1と　9、 2と　8、 3と　7、 4と　6、 5と　5、 6と　4、 7と　3、 8と　2、 9と　1。

★こんやの おさらい

10は、1と 9、2と 8の ように、いくつと いくつに わけられます。

れい 10は 4と 6です。

もんだい 10は いくつと いくつでしょう。

10は、5と [5]　10は、3と [7]

10は、8と [2]　10は、6と [4]

10は、9と [1]　10は、7と [3]

ねるまえに もういちど

10は、1と 9、2と 8、3と 7、4と 6、5と 5、6と 4、7と 3、8と 2、9と 1。

ぜんぶ
いえた！
すごいぞう。

★こんや おぼえること　おんどくしよう

2この おにぎりと 3この

おにぎりを あわせると 5こ。

2＋《たす》3＝《は》5

★こんやの おさらい

2と　3を　あわせると　5。
2+《たす》3=《は》5　のような　けいさんを、
たしざんと　いいます。

れい　6＋2 の　けいさん

6　　　＋　2　＝8

もんだい　けいさんを　しましょう。

4＋1＝ 5　　2＋5＝ 7
3＋4＝ 7　　7＋2＝ 9
1＋9＝ 10　　4＋6＝ 10

ねるまえに もういちど

2この　おにぎりと
3この　おにぎりを
あわせると 5こ。
2＋3＝5

★こんや おぼえること おんどくしよう

5まいの タオル,

3まい なくなると 2まい。

5ー《ひく》3＝《は》2

★こんやの おさらい

5から　3を　ひくと　2。

5−《ひく》3=《は》[2]　のような　けいさんを，

ひきざんと　いいます。

れい　7−2の　けいさん

7　−　2　=5

もんだい　けいさんを　しましょう。

5−4=[1]　　8−2=[6]

9−6=[3]　　7−3=[4]

10−5=[5]　　10−7=[3]

ねるまえに もういちど

5まいの　タオル，

3まい　なくなると

2まい。

5−3=2

のこりの　かずが
わかったぞう。

★こんや おぼえること　おんどくしよう

4この　いちご。

4こ　たべたら　0こに　なる。

★こんやの おさらい

4この いちごから 4こを
ひくと 0こ。
4−4=0 です。

また，4この いちごを 1こも
たべないと 4−0=4 で，
のこりは 4こです。

もんだい けいさんを しましょう。

3+0=3　0+1=1

0+0=0　1−1=0

2−0=2　0−0=0

ねるまえに もういちど

4この いちご，
4こ たべたら
0こに なる。

0は ふしぎな
かずだぞう。

5. 10より 大《おお》きい かず①

□ がつ にち
□ がつ にち

★こんや おぼえること　おんどくしよう

10と 2で 12

13は 10と 3

★こんやの おさらい

10と　2で　12 です。

20までの　かずは、10と

いくつに　わけられます。

れい　10と　8で　18

18は　10と　8

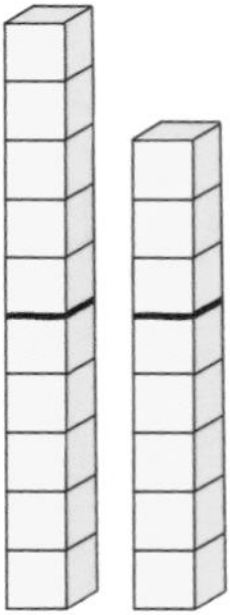

もんだい　□に　あてはまる　かずは　いくつでしょう。

10と　5で　15　　　10と　9で　19

16は　10と　6　　　20は　10 と　10

ねるまえに　もういちど

10と　2で　12

13は　10と　3

ブロックが
なくても
いえるぞう。

6. 10より 大《おお》きい かず②

□ がつ にち
□ がつ にち

★こんや おぼえること　おんどくしよう

かずのせん。右《みぎ》に いくほど かずが 大《おお》きく なる。

★こんやの おさらい

かずのせんは，0から　はじまり　右《みぎ》に　いくほど　かずが　大《おお》きい　です。

0 1 2 3 4 5 6 7 8 9 10 11 12 13 14 15 16

右《みぎ》に　すすむと　かずは　大《おお》きく　なる。→

もんだい 上《うえ》の　かずのせんを　みて，つぎの　かずを　こたえましょう。

- 10より　2　大《おお》きい　かずは　12
- 11より　4　大《おお》きい　かずは　15
- 15より　3　小《ちい》さい　かずは　12
- 16より　5　小《ちい》さい　かずは　11

ねるまえに　もういちど

かずのせん。右《みぎ》に　いくほど　かずが　大《おお》きく　なる。

かずのせんで
かずの　大《おお》きさも
くらべられるぞう。

7. 10より 大《おお》きい かず③

□ がつ にち
□ がつ にち

★こんや おぼえること　おんどくしよう

かぞえかた

2, 4, 6, 8, 10, …や,

5, 10, 15, …で

ラックラク。

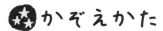

★こんやの おさらい

2こずつや 5こずつ まとめて かぞえると，はやく かぞえられます。

もんだい つぎの かずを かぞえましょう。

（10）こ

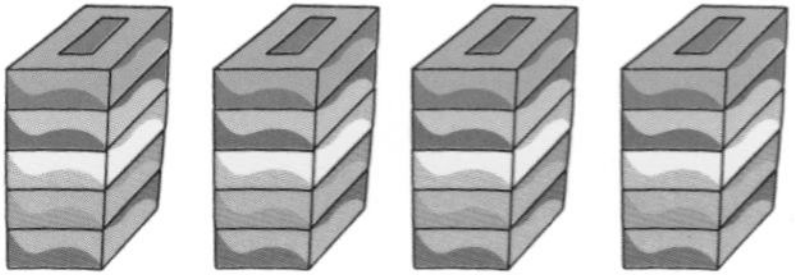

（20）こ

ねるまえに もういちど

かぞえかた

2，4，6，8，10，…や，
5，10，15，…で
ラックラク。

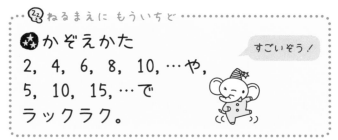

8. たしざん②

□　　がつ　　にち
□　　がつ　　にち

★こんや おぼえること　おんどくしよう

13+2 の　けいさん

13の　3と，2を　たして　5。

10と　5で　15。

13+2=15

★こんやの おさらい

13＋2 の けいさんでは，
10は そのままで，3と 2を
たします。

13 ＋ 2 ＝ 15

⑩ ③　3＋2＝5

もんだい けいさんを しましょう。

10＋5＝15　10＋8＝18
10＋9＝19　15＋2＝17
11＋4＝15　12＋6＝18
14＋3＝17　16＋3＝19

ねるまえに もういちど

13＋2 の けいさん
13の 3と，2を たして
5。10と 5で 15。
13＋2＝15

スイスイ
けいさん
すごいぞう。

9. ひきざん②

□ がつ にち
□ がつ にち

★こんや おぼえること　おんどくしよう

17−4 の けいさん

17の 7から、4を ひいて 3。

10と 3で 13。

17−4=13

★こんやの おさらい

17－4 の けいさんでは、10は そのままで、7から 4を ひきます。

17 － 4 ＝ 13

⑩ ⑦

7－4＝3

もんだい けいさんを しましょう。

13－3＝10	19－9＝10
17－7＝10	15－4＝11
14－2＝12	18－5＝13
16－3＝13	19－7＝12

ねるまえに もういちど

17－4 の けいさん
17の 7から、4を ひいて
3。10と 3で 13。
17－4＝13

ひきざんも
とくいだぞう！

□ がつ にち
□ がつ にち

★こんや おぼえること　おんどくしよう

ながい はりが 6を さしたら、なんじはん。

3じはん
だよ。
おやつ たべたいな～
ぐう～

★こんやの おさらい

とけいは， みじかい はりで なんじを よみます。 ながい はりが 6を さすと， なんじはんです。

みじかい はり
ながい はり

3じはん

もんだい とけいを よみましょう。

5じ

10じはん

とけいが よめるように なったぞう！

ねるまえに もういちど

ながい はりが 6を さしたら，なんじはん。

11. どちらが　ながい

□　がつ　にち
□　がつ　にち

★こんや おぼえること　おんどくしよう

はしを　そろえて

ながさくらべ。

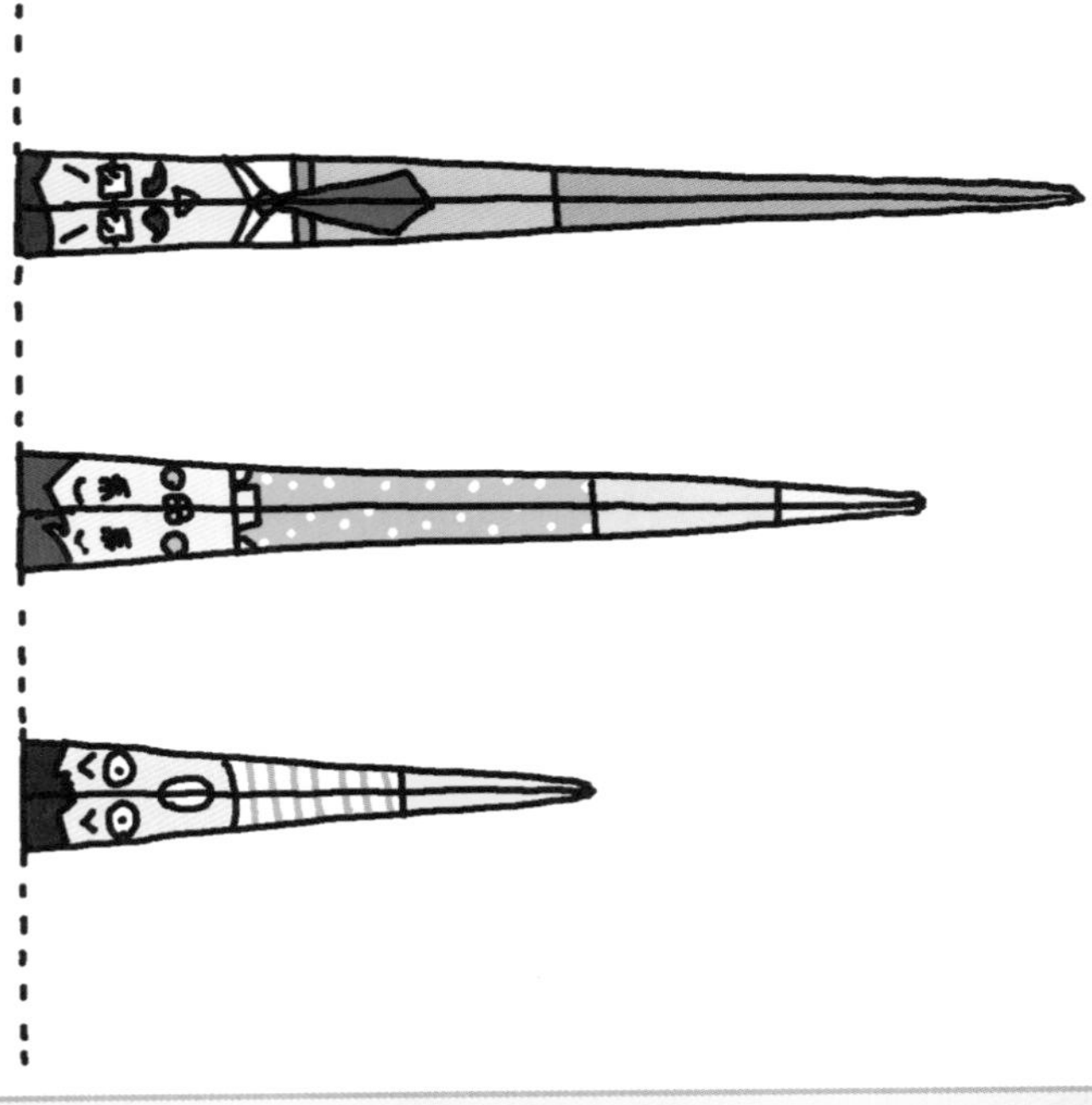

★こんやの おさらい

ながさは、はしを そろえれば くらべられます。

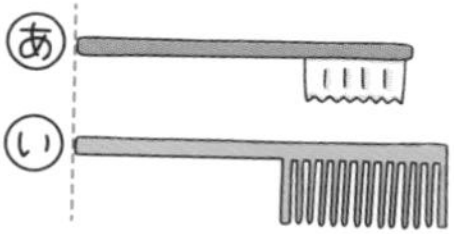

(い)の ほうが ながい。

れい ながさの ほかの くらべかた

①テープなどに ながさを うつしとります。

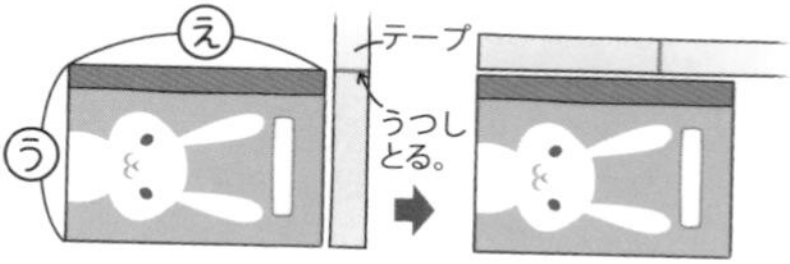

(え)の ほう が ながい。

②いくつぶんかを しらべます。

クリップ 4つぶん　クリップ 6つぶん

(か)の ほうが クリップ 2つぶん ながい。

ねるまえに もういちど

はしを そろえて ながさくらべ。

いろいろな くらべかたが あるぞう。

★こんや おぼえること　おんどくしよう

おおく　入《はい》るの

くらべるには、おなじ

カップで　かぞえて　みる。

★こんやの おさらい

おなじ　カップ　なんばいかで　おおく　入《はい》るのが　わかります。

(あ)

5 はい

(い)

6 ぱい

(い) の　ほうが　1 ぱいぶん　おおく　入《はい》る。

れい かさの　ほかの　くらべかた

水《みず》を　うつして　くらべます。

(う)
(え)
水《みず》
(う)
(え)
まだ　水《みず》が
のこって　いる。

(え)の　ほうが　おおく　入《はい》る。

ねるまえに　もういちど

おおく　入《はい》るの　くらべるには，おなじ　カップで　かぞえて　みる。

かぞえて
わかるぞう！

13. どちらが　ひろい

□　がつ　にち
□　がつ　にち

★こんや おぼえること　おんどくしよう

ますの　かずで
ひろさを　くらべます。

★こんやの おさらい

ますの かず の ちがいで、ひろさを くらべられます。

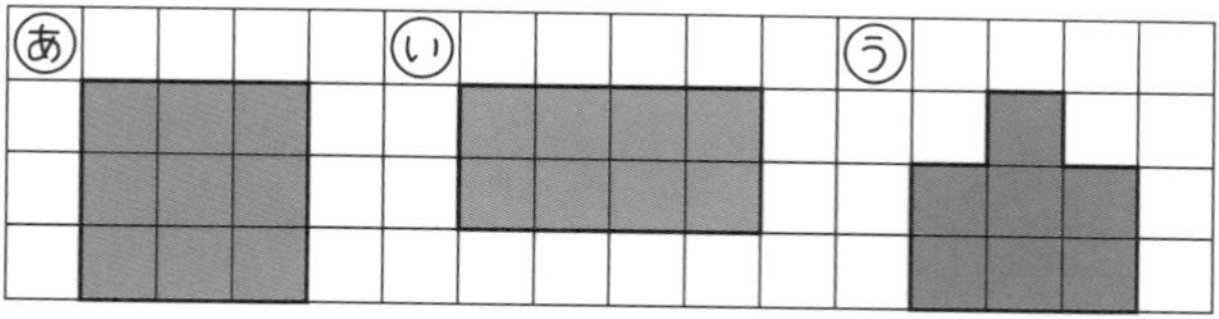

ます 9 こ　ます 8 こ　ます 7 こ

いちばん ひろいのは あ。

れい ひろさの ほかの くらべかた
はしを あわせて かさねます。

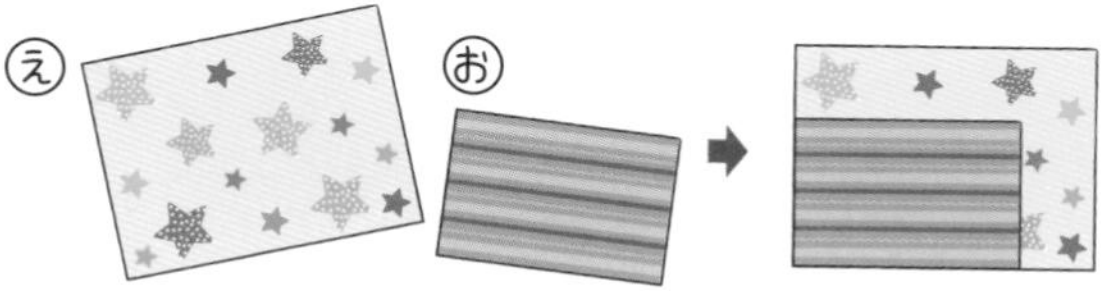

えの ほうが ひろい。

ねるまえに もういちど

ますの かずで ひろさを くらべます。

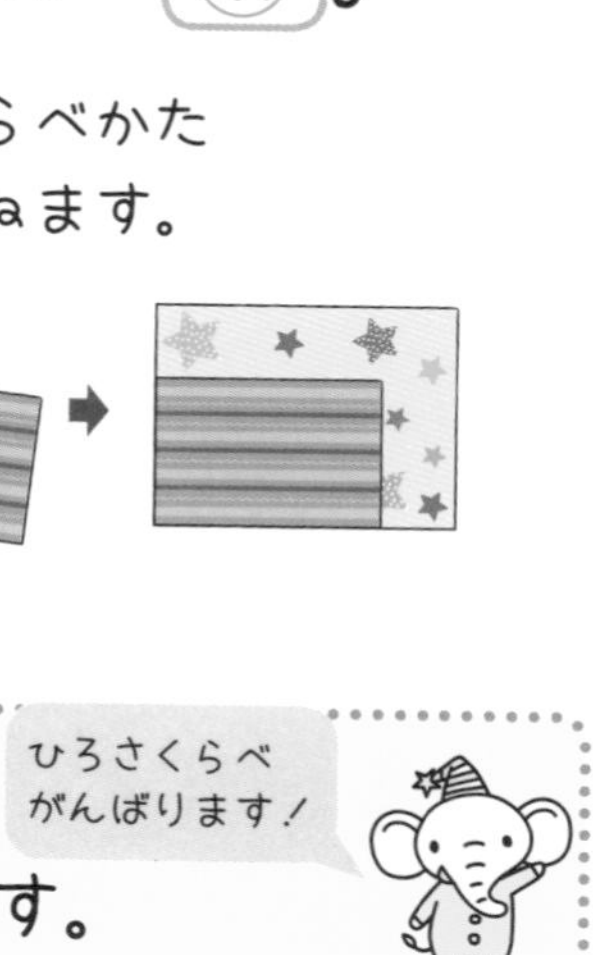

14. 3つの　かずの　けいさん

□　がつ　にち
□　がつ　にち

★こんや おぼえること　おんどくしよう

6－2＋3 の　けいさん

まえから　はじめるので、

ひいてから　たす。

$6-2+3=7$

★こんやの おさらい

3つの かずの けいさんは，まえから じゅんに して いきます。

れい 3＋4－5 の けいさん

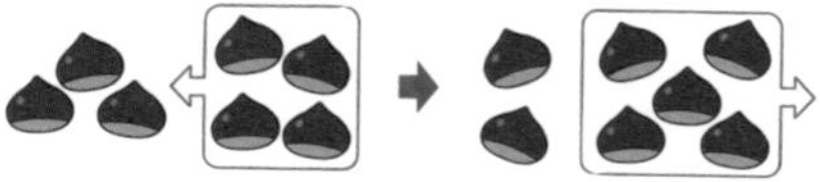

3 ＋ 4 －5 ＝2

もんだい けいさんを しましょう。

2＋3＋4＝ 9　9－1－6＝ 2

10－7＋3＝ 6　10＋5－2＝ 13

ねるまえに もういちど

6－2＋3の けいさん
まえから はじめるので，
ひいてから たす。
6－2＋3＝7

がんばる
きみは
えらいぞう。

★こんや おぼえること　おんどくしよう

9＋3 の けいさん

9は、 あと 1で 10。

3は 1と 2。

10と 2で 12だから、

9＋3＝12

くり上《あ》がりの ある
たしざんと
いうのじゃ。

★こんやの おさらい

10を つくって，10と いくつと する たしざんです。

れい 8＋4 の けいさん

①8は，あと 2で 10。

②4は 2と 2。

③10と 2で 12だから，8＋4＝12。

もんだい けいさんを しましょう。

9＋6＝15　7＋6＝13

5＋9＝14　6＋8＝14

7＋7＝14　8＋9＝17

ねるまえに もういちど

9＋3の けいさん

9は，あと 1で 10。

3は 1と 2。

10と 2で 12だから，

9＋3＝12

しかたが わかった？
すごいぞう！

★こんや おぼえること　おんどくしよう

さんすう

✪✪ 13−8 の けいさん

13は 10と 3。

10から 8を ひくと 2。

2と 3で 5だから，

13−8＝5

さいしょの
かずを
10と いくつに
わけて みて。

37

★こんやの おさらい

かずを 2つに わけてから ひきざんを します。

れい 11－3 の けいさん

①11は 10と 1。

②10から 3を ひくと 7。

③7と 1で 8だから，11－3＝8

もんだい けいさんを しましょう。

12－9＝ 3　　14－7＝ 7

13－4＝ 9　　12－5＝ 7

16－8＝ 8　　17－9＝ 8

ねるまえに もういちど

13－8の けいさん

13は 10と 3。

10から 8を ひくと 2。

2と 3で 5だから，

13－8＝5

ひきざんが
わかって
きたぞう！

17. 大《おお》きい　かず①

□　がつ　にち
□　がつ　にち

★こんや おぼえること

おんどくしよう

10が　3こと　1が　5こ、

あわせた　かずは　35。

★こんやの おさらい

35は、10が 3こと 1が 5こです。

十《じゅう》のくらいは 3、一《いち》のくらいは 5 です。

35

↑ ↑

十《じゅう》のくらい　一《いち》のくらい

もんだい　□に あてはまる かずは なんでしょう。

- 10が 6こと 1が 4こで （64）
- 57は、10が （5）こと 1が （7）こ
- 80は 10が （8）こ
- 十《じゅう》のくらいが 2で、一《いち》のくらいが 9の かずは （29）

大《おお》きい かずの
いいかたにも
なれたぞう。

ねるまえに もういちど

10が 3こと 1が 5こ、
あわせた かずは 35。

18. 大《おお》きい　かず　②

□　がつ　にち
□　がつ　にち

★こんや おぼえること　おんどくしよう

10が　10こで　百《ひゃく》。

★こんやの おさらい

10が　10こで　百《ひゃく》と　いい、
100と　かきます。
　100と　2で　ひゃくにと　いい、
102と　かきます。

もんだい　かずのせんの ⬆の　めもりは　いくつでしょう。

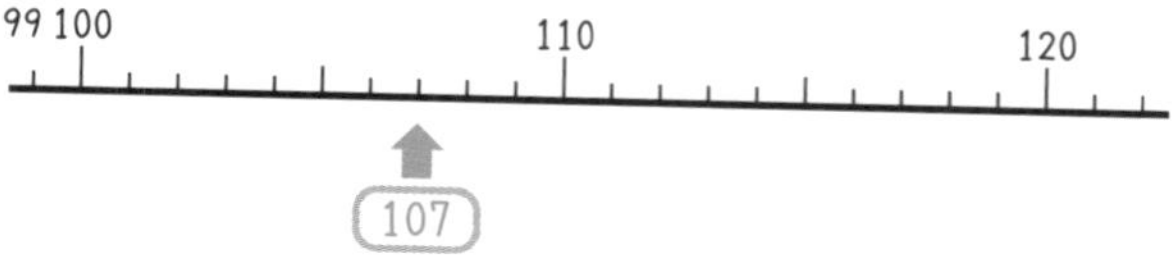

99
100
110
120
107

もんだい　□に　あてはまる　かずは　いくつでしょう。

118 — 119 — 120 — 121 — 122

117 — 116 — 115 — 114 — 113

百《ひゃく》を　おぼえたぞう！

ねるまえに　もういちど

10が　10こで　百《ひゃく》。

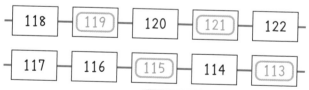

★こんや おぼえること　おんどくしよう

20＋30 の けいさん

10が、2＋3＝5 で 5こだから、

20＋30＝50

★こんやの おさらい

20＋30 の けいさんは、10の まとまりで かんがえます。

10 10
10 10 10

20＋30＝50

れい 30＋40 の けいさん

①10が，3＋4＝7 で 7こ。

②30＋40＝70

もんだい けいさんを しましょう。

20＋50＝ 70　　50＋40＝ 90

10＋80＝ 90　　70＋30＝ 100

ねるまえに もういちど

20＋30 の けいさん

10が，2＋3＝5 で

5こだから，

20＋30＝50

2＋3＝5
の たしざん
なら，すぐに
できるぞう！

20. ひきざん④

□ がつ にち
□ がつ にち

★こんや おぼえること　おんどくしよう

70－20 の けいさん

10が、7－2＝5 で 5こだから、

70－20＝50

★こんやの おさらい

70－20 の けいさんは，10の まとまりで かんがえます。

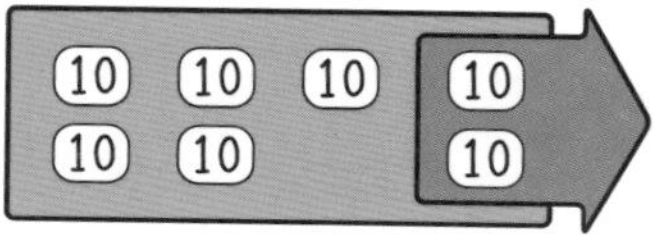
10 10 10 10
10 10 10

70－20＝50

れい 80－40 の けいさん

①10が，8－4＝4 で 4こ。

②80－40＝40

もんだい けいさんを しましょう。

50－20＝30　　60－50＝10

90－70＝20　　100－30＝70

ねるまえに もういちど

70－20 の けいさん

10が，7－2＝5 で

5こだから，

70－20＝50

7－2 の
けいさんなら，
すぐに できる
ぞう！

21. たしざん⑤

□ がつ にち
□ がつ にち

★こんや おぼえること　おんどくしよう

24＋5 の けいさん

24は 20と 4。 4＋5＝9

だから、 20と 9で 29。

24＋5＝29

★こんやの おさらい

24＋5 の けいさんでは，4＋5＝9 の たしざんを します。

れい 32＋3 の けいさん

32は 30と 2。2＋3＝5 だから，

30と 5で 35。

32＋3＝（35）

もんだい けいさんを しましょう。

45＋1＝（46）	72＋4＝（76）
31＋6＝（37）	67＋2＝（69）
54＋4＝（58）	83＋6＝（89）

ねるまえに もういちど

24＋5 の けいさん

24は 20と 4。

4＋5＝9 だから，

20と 9で 29。

24＋5＝29

十《じゅう》のくらいの
かずが いくつ
でも へいき！
すごいぞう！

□ がつ にち
□ がつ にち

★こんや おぼえること　おんどくしよう

38－2 の けいさん

38は 30と 8。 8－2＝6

だから、 30と 6で 36。

38－2＝36

★こんやの おさらい

☆ 38－2 の けいさんでは、8－2＝6 の ひきざんを します。

れい 46－5 の けいさん

46は 40と 6。6－5＝1 だから、

40と 1で 41。

46－5＝ 41

もんだい けいさんを しましょう。

25－3＝ 22	64－1＝ 63
59－7＝ 52	98－4＝ 94
47－4＝ 43	79－6＝ 73

ねるまえに もういちど

☆ 38－2 の けいさん

38は 30と 8。

8－2＝6 だから、

30と 6で 36。

38－2＝36

一《いち》のくらいの
けいさんに
気《き》を つければ
へいきだぞう！

★こんや おぼえること　おんどくしよう

1《ひと》めもりが　1ぷん。

ながい　はりで　よむ。

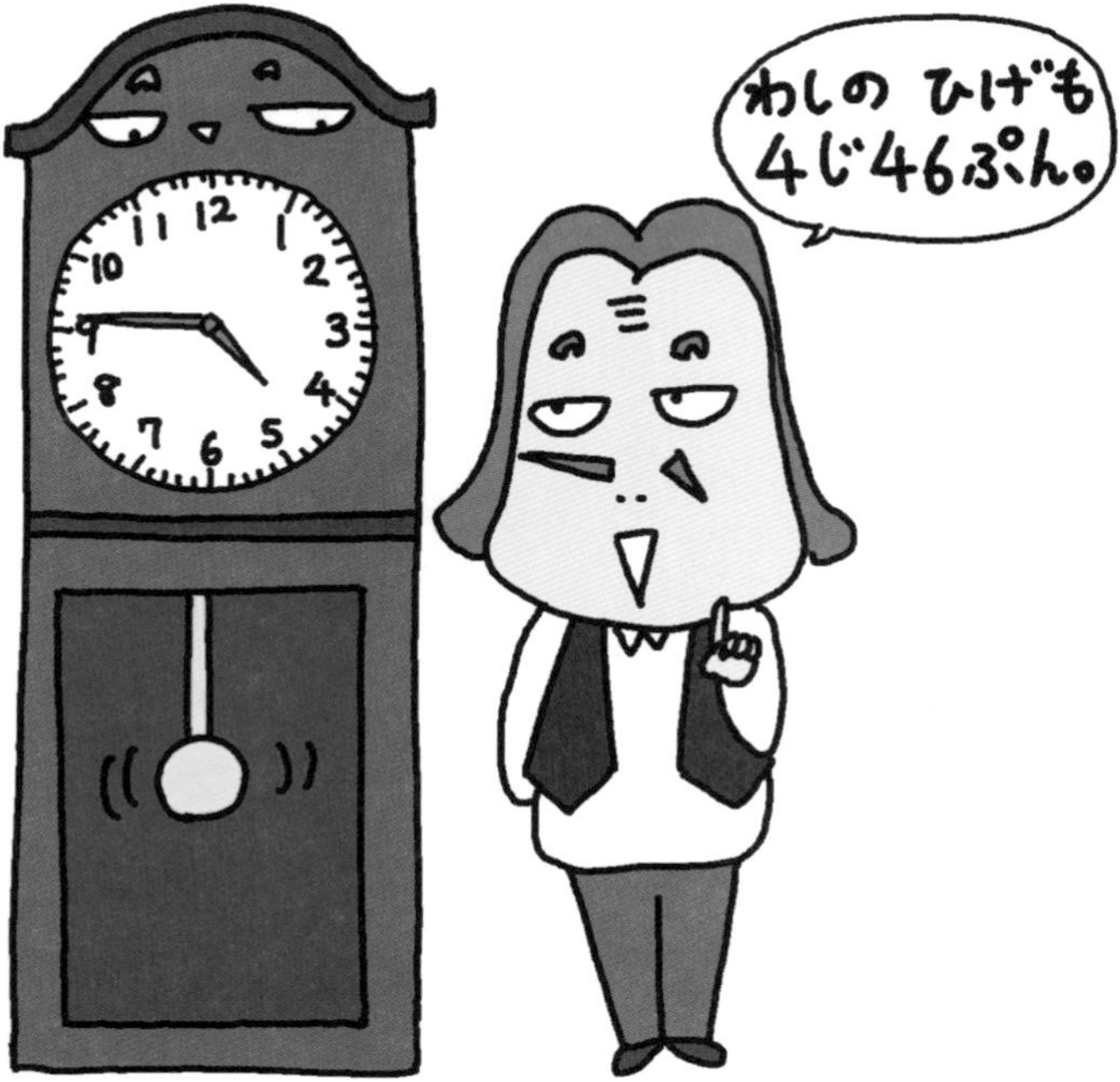
わしの ひげも
4じ46ぷん。

★こんやの おさらい

ながい はりで なんぷんかを よみます。1《ひと》めもりは、1 ぷんです。

れい なんじなんぷんの よみかた

みじかい はりは、9と
10の あいだを さして
います。
ながい はりは、3から
2めもり すすんだ
ところを さして います。
だから、9 じ 17 ふんです。

ねるまえに もういちど

1《ひと》めもりが
1ぷん。ながい
はりで よむ。

□ がつ にち
□ がつ にち

★こんや おぼえること　おんどくしよう

ながい はりが 1を さすと 5ふんに なり，2を さすと 10ぷんに なる。

★こんやの おさらい

★ ながい はりが、1、2、…を さすと、5ふん、10ぷん、…と なります。

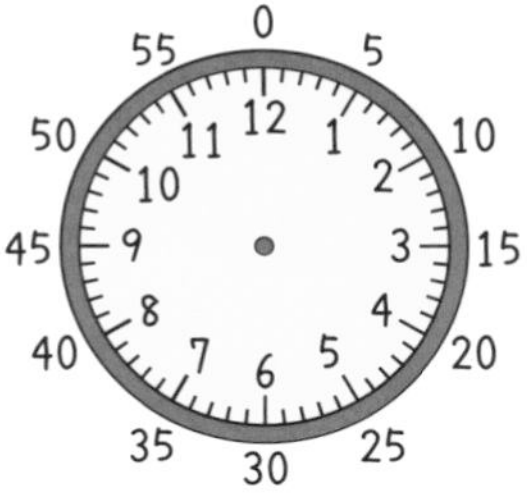

もんだい なんじなんぷんでしょう。

11 じ 20 ぷん

5 じ 45 ふん

ねるまえに もういちど

★ ながい はりが 1を さすと 5ふんに なり、2を さすと 10ぷんに なる。

★こんや おぼえること　おんどくしよう

⁂アサガオの　たねは、

さんかくで　くろい。

ヒマワリの　たねは、

大《おお》きくて　しましま。

しましまで
オッシャレー
このこの
このこの
くろくて
カッコイー

★こんやの おさらい

たねには、いろいろな いろ や かたち、大《おお》きさ の ものが あります。

アサガオの たね

ヒマワリの たね

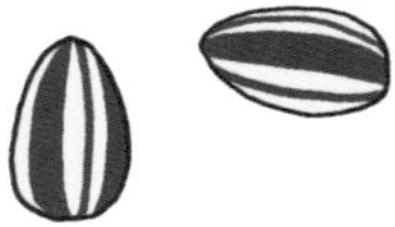

たねから、め が 出《で》ました。

アサガオの め

ヒマワリの め

ねるまえに もういちど

アサガオの たねは、
さんかくで くろい。
ヒマワリの たねは、
大《おお》きくて しましま。

★こんや おぼえること　おんどくしよう

はるに　なると、
「ちょうちょ　ちょうちょ
（モンシロチョウ）、
なのは（アブラナ）に
とまれ」。

りか

★こんやの おさらい

はるに なると、アブラナや タンポポの 花《はな》や、モンシロチョウ などの いろいろな 虫《むし》が 見《み》られるように なります。

もんだい 下《した》の えは なんと いう くさばなの わたげを とばして あそんで いる ところですか。

タンポポ の わたげ

ねるまえに もういちど

はるに なると、
「ちょうちょ ちょうちょ、
なのはに とまれ」。

わたげには たねが ついて いるぞう！

★こんや おぼえること　おんどくしよう

たいようが　出《で》て　いると、
かげは　いつも　たいようの
はんたいがわに　ついてくる。

★こんやの おさらい

かげは、たいようの ひかりを さえぎる ものが あると、たいようの はんたいがわに できます。たいようは、うごいて いるので、かげも うごきます。

もんだい かげの かたちが 正《ただ》しいのは どちらですか。
( )に ○を かきましょう。

(○)　( )

ねるまえに もういちど

たいようが 出《で》て いると、かげは いつも たいようの はんたいがわに ついてくる。

□　がつ　にち
□　がつ　にち

★こんや おぼえること　おんどくしよう

なつに　なると、

ヒマワリの　花《はな》や、

オオカマキリの　こどもの

すがたが　見《み》られるよ。

りか

★こんやの おさらい

なつに なると，いろいろな
花《はな》や 虫《むし》が 見《み》られます。
ヒマワリ や アサガオなどの 花《はな》や，
セミや オオカマキリ の
こどもなどの 虫《むし》が 見《み》られます。

ヒマワリの 花《はな》

オオカマキリの こども

ねるまえに もういちど

なつに なると，
ヒマワリの 花《はな》や，
オオカマキリの こどもの
すがたが 見《み》られるよ。

バッタの こども
も いるぞう！

5. 大《おお》きく なったね

□ がつ にち
□ がつ にち

★こんや おぼえること　おんどくしよう

はるに たねを まいた
アサガオは、はの かずが
ふえ、花《はな》も いっぱい
さいて いる。

りか

はじめまして
おとなよ♥
ちょっと
ゴージャス!!

★こんやの おさらい

なつには，アサガオの　せたけが　大《おお》きく　なり，はの　かずは　ふえ，つぼみや　花《はな》が　見《み》られます。みも　でき　はじめて　います。

もんだい　アサガオの　そだつ　じゅんに，1～3の　すう字《じ》を　えの　下《した》の　（　）に　かきましょう。

（2）

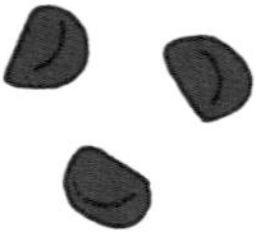
（1）

（3）

ねるまえに　もういちど

はるに　たねを　まいた　アサガオは，はの　かずが　ふえ，花《はな》も　いっぱい　さいて　いる。

★こんや　おぼえること　おんどくしよう

★あきは，はの　いろが，赤《あか》や　きいろに　かわって　いる　木《き》が　ある。木《き》のみが，たくさん　見《み》られるよ。

りか

★こんやの おさらい

あきに なると、は の いろが かわり、木《き》のみ が できて いる 木《き》も あります。虫《むし》 は なつに くらべ、見《み》られなく なります。

あきの サクラの は

あきの イチョウの は

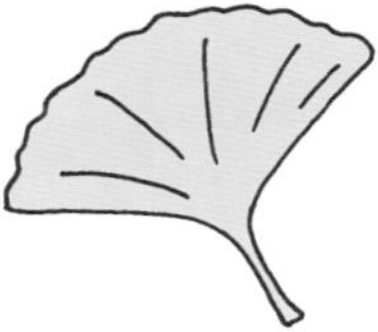

木《き》のみ

ねるまえに もういちど

あきは、はの いろが、赤《あか》や きいろに かわって いる 木《き》が ある。木《き》のみが、たくさん 見《み》られるよ。

カマキリの
たまごも
見《み》られるぞう！

★こんや おぼえること　おんどくしよう

ふゆは，はが　ない　木《き》や，

えだに　めが　出《で》て　いる

木《き》が　ある。

石《いし》や　かれはの　下《した》には，

ナナホシテントウが　いた。

★こんやの おさらい

ふゆは，くさばなが かれて いたり，はが ない 木《き》が 見《み》られたり します。えだに めが 出《で》て いる 木《き》も あります。虫《むし》の すがたは ほとんど 見《み》られなく なります。

ふゆの サクラの えだを よく 見《み》ると，小《ちい》さな めが 出《で》て います。

ねるまえに もういちど

ふゆは，はが ない 木《き》や，えだに めが 出《で》て いる 木《き》が ある。
石《いし》や かれはの 下《した》には，ナナホシテントウが いた。

あたたかい はるを まって いるぞう！

8. じしゃくで　あそぼう

□　がつ　にち
□　がつ　にち

★こんや おぼえること　おんどくしよう

じしゃくに、
つく　ものと、
つかない　ものが　あるよ。

★こんやの おさらい

✪じしゃくに つく ものは てつで できて いて、つかない ものは 木《き》や ゴム、ガラスなどで できて いる ものです。

もんだい じしゃくに つく ものは どれですか。

( )に ○を かきましょう。

わりばし ( )

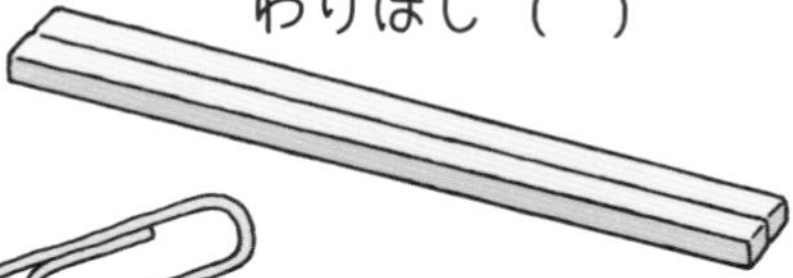

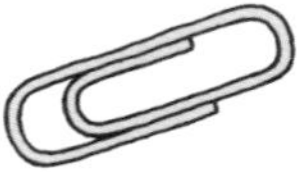

てつの
クリップ (○)

けしゴム ( )

プラスチックの
クリップは、
じしゃくに
つかないぞう。

ねるまえに もういちど

✪じしゃくに、
つく ものと、
つかない ものが あるよ。

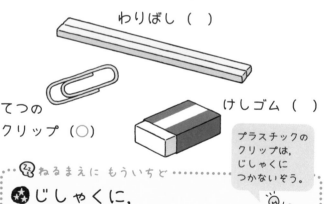

1. ちずきごう①

□ がつ　にち
□ がつ　にち

★こんや おぼえること　おんどくしよう

ちずに　ある
あんごうは　なんだ!?
「ちずきごう」だ!!

★こんやの　おさらい

ちず　では、　だれが　見《み》ても　わかるように　たてものや　土《と》地《ち》の　ようすを　ちずきごう　を　つかって　あらわします。

▼おもな　ちずきごう

じんじゃ

こうばん

しょうぼうしょ

ねるまえに　もういちど

ちずに　ある
あんごうは　なんだ!?
「ちずきごう」だ!!

たからが　うまっている
ばしょでは　ないんだね。

2. ちずきごう②

□ がつ にち
□ がつ にち

★こんや おぼえること　おんどくしよう

ぶん　ぶん　ぶーん

小《しょう》・中学校《ちゅうがっこう》 は

「文《ぶん》」の　マーク！

学校《がっこう》には
いろんな「文《ぶん》」があるぶーん
文《ぶん》ぼうぐ
文《ぶん》しょう
文《ぶん》をかきに
いくぶーん

★こんやの おさらい

かん字《じ》の 「文《ぶん》」の かたちの ちずきごうは、小《しょう》・中学校《ちゅうがっこう》を あらわして います。○で かこむと こうとう学校《がっこう》に なります。

▼おもな 学校《がっこう》の ちずきごう

小《しょう》・中学校《ちゅうがっこう》

こうとう学校《がっこう》

ねるまえに もういちど

ぶん ぶん ぶーん
小《しょう》・中学校《ちゅうがっこう》は
「文《ぶん》」の マーク！

★こんや おぼえること　おんどくしよう

テがみに　きっテを

はっテ　出《だ》そう！

ゆうびんきょくは

「テ」の　マーク。

★こんやの おさらい

⁂むかし，ゆうびんを あつかう やくしょは「逓信省《ていしんしょう》」と よばれて いました。そのときの あたまの「テ」の 字《じ》を ○で かこんだ ちずきごうは，ゆうびんきょく を あらわして います。

▼ゆうびんきょくの ちずきごう

ねるまえに もういちど

⁂テがみに きっテを はっテ 出《だ》そう！
ゆうびんきょくは
「テ」の マーク。

ラブレター，ちゃんと
とどくと いいね。

★こんや おぼえること　おんどくしよう

つう学《がく》ろでは、

ひょう　うし　きりんに

(ひょうしき)

ちゅう目《もく》！

★こんやの おさらい

どうろには、 あんぜん を まもる ために、 いろいろな ひょうしき が つくられて います。

▼おもな ひょうしき

おうだんほどうが あることを しらせる ひょうしきです。

この 先《さき》に ふみきりが ある ことを しらせる ひょうしきです。

ねるまえに もういちど

つう学《がく》ろでは、
ひょう うし きりんに
ちゅう目《もく》！ (ひょうしき)

ひょうしきの いみを しらべて みよう！

□　がつ　にち
□　がつ　にち

★こんや おぼえること　おんどくしよう

1年中《ねんじゅう》　おいわい気《き》ぶんだ！

ギョッ！ じいちゃん!!

（ぎょうじ）

せ・つ・ぶ・ん！
イエ――
2月《がつ》
たんごのせっく
イエ――！
5月《がつ》
た・な・ば・た
イエ――！
7月《がつ》
ギョッ
じいちゃん！
お月見《つきみ》
イエ――！
9月《がつ》

★こんやの おさらい

お正月《しょうがつ》や　せつぶんなど，むかしから　きまった　じきに　おこなわれて　いる　ぎょうじを　**年中《ねんちゅう》ぎょうじ**　と　いいます。

▼おもな　年中《ねんちゅう》ぎょうじ

1月《がつ》	はつもうで・正月《しょうがつ》	
2月《がつ》	せつぶん	
3月《がつ》	もものせっく（ひなまつり）	
4月《がつ》	花《はな》まつり，お花見《はなみ》	
5月《がつ》	たんごのせっく	
7月《がつ》	たなばた	
8月《がつ》	おぼん	※7月《がつ》におこなわれるところもあります。
9月《がつ》	お月見《つきみ》	
10月《がつ》	あきまつり	
11月《がつ》	七五三《しちごさん》	
12月《がつ》	大《おお》みそか	

ねるまえに もういちど

1 年中《ねんじゅう》

おいわい気《き》ぶんだ！

ギョッ！じいちゃん！！

（ぎょうじ）

★こんや おぼえること　おんどくしよう

けいさつ よぶ とき

いちいち　れい!

110ばんで　パトカー，ゴー!!

(パトロールカー)

いちいち れいは
いらないぜ!
おれに まかせとけー!!
れいっ!!
おねがいします!!

しゃかい

★こんやの おさらい

じけんや じこを ふせぐ こと。みんなが あんしんして くらせるように する ことが けいさつ の しごとです。

ねるまえに もういちど

けいさつ よぶ とき
いちいち れい!
110ばんで パトカー,
(パトロールカー)
ゴー!!

だいじな ばんごう「110ばん」を おぼえたぞう!

□　がつ　にち
□　がつ　にち

★こんや おぼえること　おんどくしよう

火《か》じだ！

しょうぼう車《しゃ》，いま いくぞ！
(119)

けが人《にん》だ！

きゅうきゅう車《しゃ》，いま いくぞ！
(119)

★こんやの おさらい

火《ひ》を けす しごと、火《か》じを ふせぐ しごと、きゅうきゅうの しごとなどが しょうぼうしょ の しごとです。

ねるまえに もういちど

火《か》じだ！
しょうぼう車《しゃ》、いま いくぞ！
(119)
けが人《にん》だ！
きゅうきゅう車《しゃ》、いま いくぞ！
(119)

どっちを よびたい ときにも「119ばん」なんだぞう。

★こんやの おさらい

校

おん　コウ
くん　―

一十才木木杧杧杧杪校

・校《こう》もんを あける。

・校《こう》ていで あそぶ。

・小学校《しょうがっこう》に かよう。

音

おん　オン（イン）
くん　おと　ね

丶亠亠立立产音音音

・あかるい 音《おん》がく。

・足音《あしおと》が きこえる。

・ふえの 音《ね》いろ。

ねるまえに もういちど

木《き》に 六人《ろくにん》、メだつ 校《こう》ちょう先生《せんせい》。

立《た》って お日《ひ》さまの 下《した》、音《おと》を 出《だ》す。

たくさん がんばったぞう。

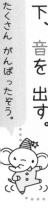

30. おぼえて おきたい かん字《じ》⑩

□ がつ にち
□ がつ にち

木《き》に六人《ろくにん》、
メだつ
校《こう》ちょう先生《せんせい》。

立《た》って
お日《ひ》さまの下《した》、
音《おと》を出《だ》す。

本

おん ホン
くん もと

一十才木本

・本《ほん》を ひらく。

・本《ほん》とうの はなし。

・え本《ほん》を よむ。

百

おん ヒャク
くん ―

一丆ア万百
百

・百《ひゃく》てんを とる。

・百《ひゃっ》かじてんで しらべる。

ねるまえに もういちど

木《き》の 下《した》に、一人《ひとり》
すわって 本《ほん》を よむ。

一本《いっぽん》の 白《しろ》い
だいこん 百円《ひゃくえん》だ。

「百《ひゃく》」は かずの かん字《じ》だぞう。

木《き》の下《した》に、
一人《ひとり》すわって
本《ほん》をよむ。

一本《いっぽん》の白《しろ》い
だいこん
百円《ひゃくえん》だ。

★こんやの おさらい

女

おん ジョ （ニョ） （ニョウ）

くん おんな （め）

く 女 女

・女子《じょし》

・男女《だんじょ》に わかれる。

・女《おんな》の 子《こ》

男

おん ダン ナン

くん おとこ

丨 口 田 田 田 男 男

・男子《だんし》

・ぼくは、ちょう男《なん》だ。

・男《おとこ》の 子《こ》

ねるまえに もういちど

くノ一《いち》は 女《おんな》の にんじゃ。

田《た》んぼで 力《ちから》を 出《だ》す 男《おとこ》。

「女子《じょし》」「男子《だんし》」は、まとめて おぼえるぞう。

□ がつ にち
□ がつ にち

☆☆☆ くノ一《いち》は女《おんな》の
にんじゃ。

☾ 田《た》んぼで力《ちから》を
出《だ》す男《おとこ》。

★こんやのおさらい

生

おん　セイ　ショウ

くん　いきる　いかす　いける　うまれる　うむ　はえる　はやす　なま　(おう)(き)

ノ　𠂉　牛　牛　生

・一年生《いちねんせい》

・一生《いっしょう》

・つよく　生きる《いきる》。

・生《なま》やさい

ねるまえに　もういちど

ノうさぎが　十二《じゅうに》ひき　生《う》まれたよ。

ゆびで　かいて　みるぞう。

王

おん　オウ

くん　―

一　丅　干　王

・王子《おうじ》と　王女《おうじょ》。

・女王《じょおう》

・はつめい　王《おう》

一本《いっぽん》　|《ぼう》もち、二人《ふたり》の　王《おう》さま　やって　きた。

★こんやおぼえること

おんどくしよう

ノうさぎが
十《じゅう》二《に》ひき
生《う》まれたよ。

一本《いっぽん》|《ぼう》もち、
二人《ふたり》の王《おう》さま
やって きた。

こくご

早

おん ソウ（サッ）

くん はやい はやまる はやめる

丨 口 日 日 旦 早

・学校《がっこう》を 早《そう》たいする。

・早《はや》ね 早《はや》おき

・出《しゅっ》ぱつを 早める《はやめる》。

貝

おん ―

くん かい

丨 冂 月 月 目 貝 貝

・貝《かい》の みそしる。

・貝《かい》がらを ひろう。

・白《しろ》い まき貝《がい》。

ねるまえに もういちど

日《にち》よう日《び》、十《じゅう》じだ 早《はや》く 出《しゅっ》ぱつだ。

目《め》も 八も ないよ。 貝《かい》だもん。

にた かん字《じ》に ちゅういだぞう。

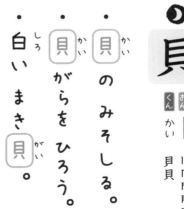

26. おぼえて おきたい かん字《じ》⑥

□ がつ にち
□ がつ にち

日《にち》よう日《び》、十《じゅう》じだ早《はや》く出《しゅっ》ぱつだ。

目《め》も 八も ないよ。貝《かい》だもん。

★こんやのおさらい

草

おん ソウ
くん くさ

一 十 廾 艹 芇 苩 苜 苴 草

・草《そう》げんを あるく。

・ざっ草《そう》を ぬく。

・のはらの 草花《くさばな》。

花

おん カ
くん はな

一 十 廾 艹 芀 芅 花

・きれいな 花《か》だん。

・花《はな》たばを もらう。

・赤《あか》い 花《はな》。

ねるまえに もういちど

サー お日《ひ》さまの 下《した》で、十人《じゅうにん》 草《くさ》むしり。

サー イこう。ヒろい お花《はな》ばたけへ。

サー
お日《ひ》さまの
下《した》で、
十人《じゅうにん》
草《くさ》むしり。

サーイこう。
ヒろいお花《はな》
ばたけへ。

★こんやの おさらい

空

おん クウ

くん そら あく あける から

丶 丷 宀 宂 穴 空 空 空

・空気《くうき》
・青《あお》い 空《そら》。
・せきが 空《あ》く。
・空《から》っぽの はこ。

ねるまえに もういちど

ウルさい ハエが 空《そら》を とぶ。

青

おん セイ (ショウ)

くん あお あおい

一 十 キ 主 丰 青 青 青

・やさしい 青年《せいねん》。
・青空《あおぞら》が ひろがる。
・青《あお》い うみ。

十二月《じゅうにがつ》 ふゆの 青空《あおぞら》 ひろがった。

「青《あお》」は いろの かん字《じ》だぞう。

□ がつ にち
□ がつ にち

★★★

ウルさい ハエが
空《そら》を とぶ。

☾

十《じゅう》二《に》月《がつ》 ふゆの
青《あお》空《ぞら》
ひろがった。

★こんやのおさらい

名

おん メイ ミョウ

くん な

ノクタタ名名

・つりの名人《めいじん》。

・名字《みょうじ》でよぶ。

・名《な》まえをかく。

石

おん セキ シャク（コク）

くん いし

一丆不石石

・赤《あか》いほう石《せき》。

・じ石《しゃく》

・小石《こいし》をひろう。

ねるまえに もういちど

ぼくは タローと いう 名《な》まえ。

一《いち》だい ノはらで ロボット 石《いし》を もつ。

かいて みると いいぞう。

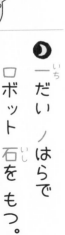

□ がつ にち
□ がつ にち

ぼくは
タローと いう
名《な》まえ。

一《いち》だい ノはらで
ロボット
石《いし》を もつ。

左

おん サ

くん ひだり

一 ナ ナ 左 左

・左右《さゆう》に わかれる。

・左手《ひだりて》を 上《あ》げる。

・左足《ひだりあし》

ねるまえに もういちど

ナま工を 左《ひだり》に かきましょう。

右

おん ウ ユウ

くん みぎ

ノ ナ 右 右 右

・車《くるま》が 右《う》せつする。

・左右《さゆう》を 見《み》る。

・右手《みぎて》を ふる。

ノんきに 一《いっ》ぴき ロバ 右《みぎ》へ。

かきじゅんに 気《き》を つけるぞう。

ナまエを 左《ひだり》に
かきましょう。

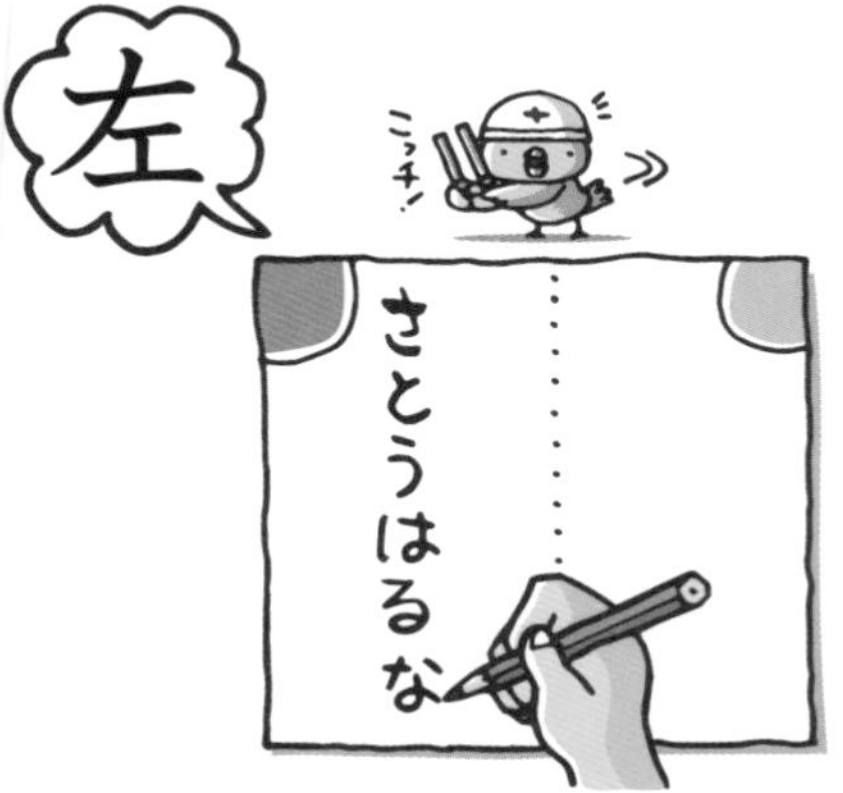

ノんきに
一《いっ》ぴき
ロバ右《みぎ》へ。

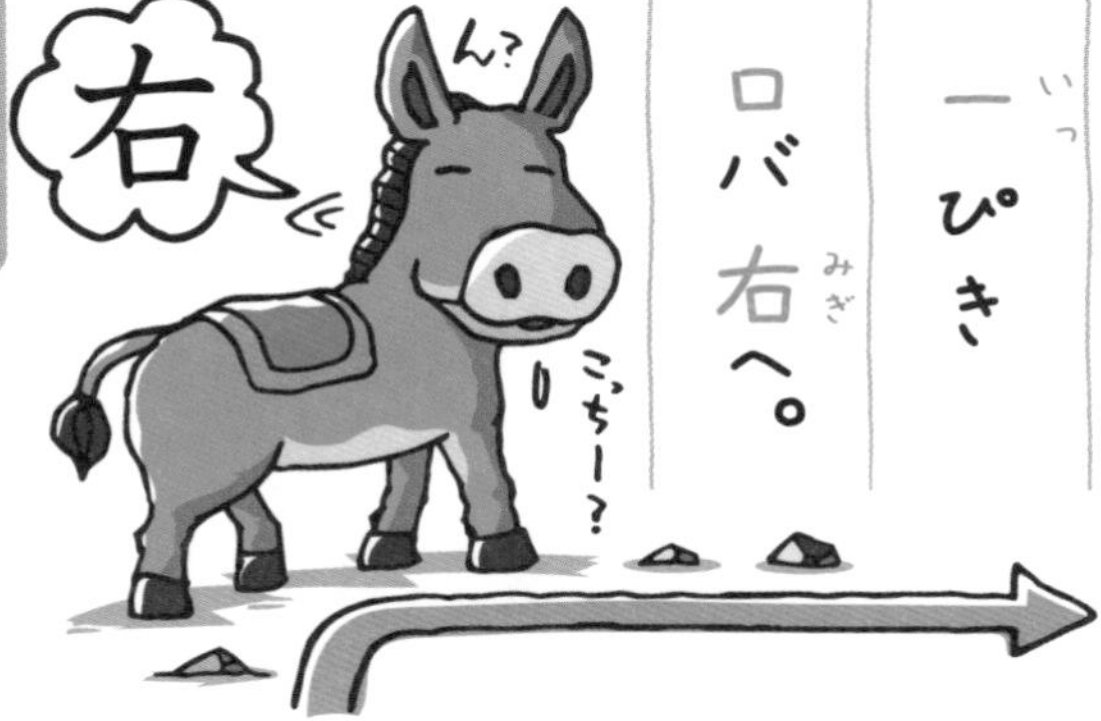

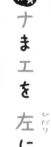

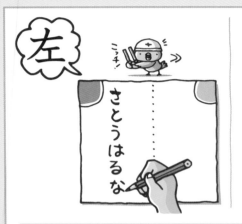

小

おん ショウ

くん ちいさい こ お

亅 小 小

・ぼくは、小学生《しょうがくせい》だ。

・小さい《ちいさい》 こえ。

・小石《こいし》

・小川《おがわ》

大

おん ダイ タイ

くん おお おおきい おおいに

一 ナ 大

・大《だい》すき・大《たい》せつ

・大《おお》ごえを 出《だ》す。

・大きい《おおきい》 はこ。

ねるまえに もういちど

一《いち》まい 八っぱに 小《ちい》さな 虫《むし》。

一《いち》どに 人《ひと》が 大《おお》ぜい きたよ。

★★★

一《いち》まい 八っぱに
小《ちい》さな 虫《むし》。

☽

一《いち》どに 人《ひと》が
大《おお》ぜい きたよ。

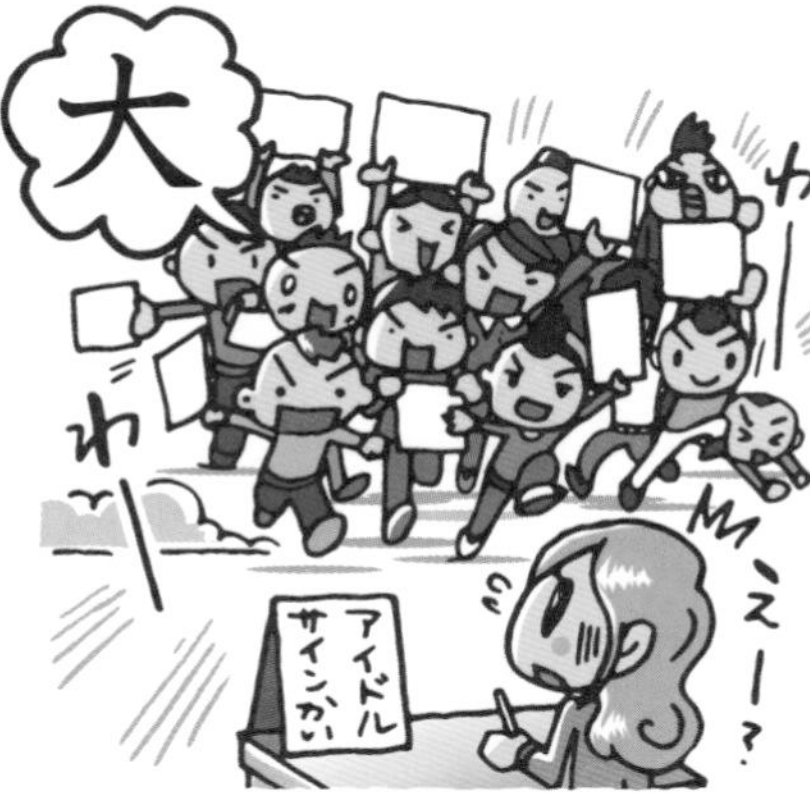

★こんやのおさらい

かたちの にている かん字《じ》が あります。

れい

・大《おお》きな 犬《いぬ》。

・王《おう》さまの 玉《たま》のり。

・人《ひと》が へやに 入《はい》る。

・百《ひゃく》円《えん》の 白《しろ》い ハンカチ。

ねるまえに もういちど

子《こ》どもが 字《じ》を 学《まな》ぶ。

ほかにも にた かん字《じ》が あるから、さがして ほしいぞう。

20. かたちの　にて　いる　かん字《じ》

□　がつ　にち
□　がつ　にち

★★★ 子《こ》どもが字《じ》を学《まな》ぶ。

★こんやのおさらい

かん字《じ》には、てんやせんなどの しるし からできたものがあります。

れい

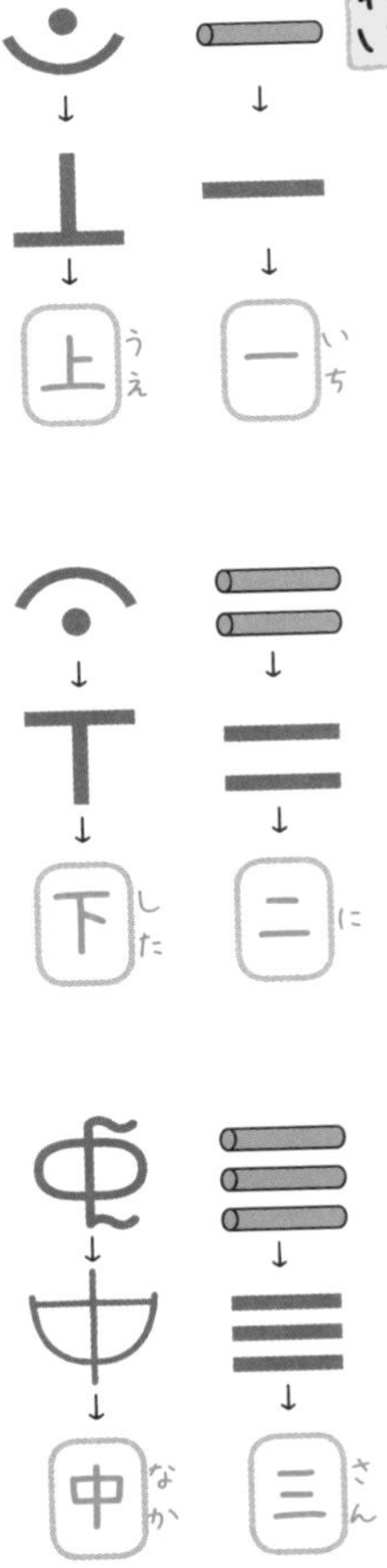

ねるまえに もういちど

しるしが せんの 上《うえ》に あるから「上《うえ》」、下《した》に あるから「下《した》」。

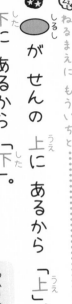

⬭《しるし》がせんの上《うえ》にあるから「上《うえ》」、
下《した》にあるから「下《した》」。

★こんやの おさらい

★かん字《じ》には、ものの かたちや ようすを あらわす えから できた ものが あります。

れい

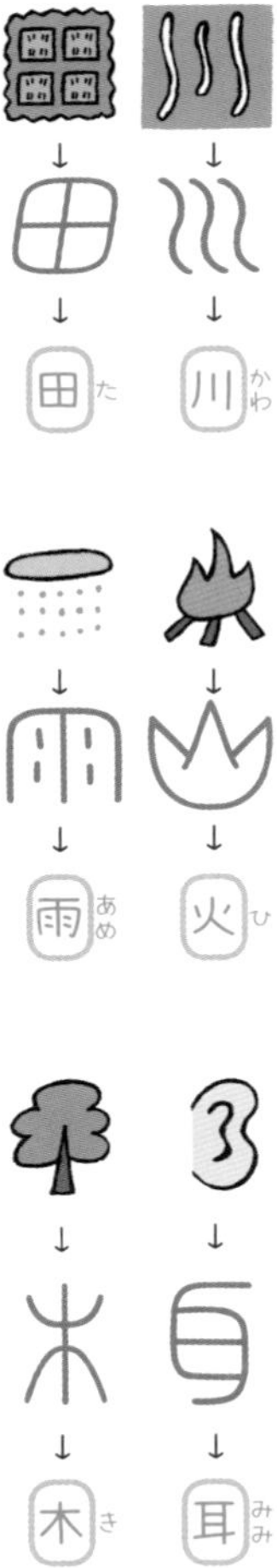

ねるまえに もういちど

★かん字《じ》の「山《やま》」は 山《やま》の かたち、「口《くち》」は 口《くち》の かたちから。

かたちで かん字《じ》を おぼえるぞう。

★★★

かん字《じ》の「山《やま》」は 山《やま》のかたち、

「口《くち》」は 口《くち》のかたちから。

★こんやのおさらい

★いろいろなよみかたを する かん字《じ》が あります。

れい

上

・おく上《じょう》

・あたまの 上《うえ》。

・上《うわ》ぎ

・川《かわ》上《かみ》

・かおを 上《あ》げる。

・おんどが 上《あ》がる。

・かいだんを 上《のぼ》る。

ねるまえに もういちど

★かおを 上《あ》げ、かいだん 上《のぼ》り、おく上《じょう》へ。

「上」には たくさんの よみかたが あるぞう。

かおを上《あ》げ、
かいだん上《のぼ》り、おく上《じょう》へ。

★こんやのおさらい

よう日《び》のかん字《じ》には、

そのほかの よみかた も あります。

かん字	よみかた	そのほかのよみかた
日	にち	ひ　か
↓		
月	げつ	つき　がつ
↓		
火	か	ひ
↓		
水	すい	みず
↓		
木	もく	き
↓		
金	きん	かね
↓		
土	ど	つち

ねるまえに もういちど

日《にち》月《げつ》火《か》水《すい》木《もく》金《きん》土《ど》。

一《いっ》しゅうかんで なにを する。

カレンダーで
かくにんして
みるぞう。

★ こんや おぼえること

おんどくしよう

こくご

✿✿
日月火水木金土。
にち げつ か すい もく きん ど

一しゅうかんで なにを する。
いっ

日にち ☀
日に あたる。
ひ

月げつ 🌙
月を 見る。
つき み

火か
火で やく。
ひ

水すい
水を やる。
みず

木もく
木に のぼる。
き

土ど
土で あそぶ。
つち

金きん
お金を もらう。
かね

とくべつなよみかたをする日《ひ》づけがあります。

＊が、とくべつな よみかたです。

＊一日《ついたち》

＊二日《ふつか》

三日《みっか》

四日《よっか》

五日《いつか》

六日《むいか》

七日《なのか》

八日《ようか》

九日《ここのか》

十日《とおか》

＊二十日《はつか》

ねるまえに もういちど

「一日《ついたち》」、ついたち上《あ》がる。「二日《ふつか》」、ふー、つかれた。

「二十日《はつか》」、はー、つかれた。

となえておぼえるぞう。

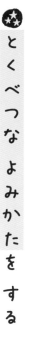

「一日《ついたち》」、ついたち上《あ》がる。

「二日《ふつか》」、ふー、つかれた。

「二十日《はつか》」、はー、つかれた。

一日《ついたち》、
ついたち上《あ》がる。

二日《ふつか》、
ふー、つかれた。

二十日《はつか》、
はー、つかれた。

ものを かぞえる ときには、
きまった ことばを つかいます。

れい

・いろがみが 一《いち》まい。
・いえが 二《に》けん。

・男《おとこ》の子《こ》が 三《さん》にん。
・とりが 四《よん》わ。

ねるまえに もういちど

ノートが 一《いっ》さつ、えんぴつ 五《ご》ほん、
車《くるま》が 百《ひゃく》だい。

こえに 出《だ》して かぞえるぞう。

ノートが一《いっ》さつ、えんぴつ

五《ご》ほん、車《くるま》が百《ひゃく》だい。

★こんやの おさらい

★ていねいな いいかたを する ときは、
文《ぶん》の おわりに 「です」か 「ます」を
つけます。

もんだい　ていねいな いいかたは、どっちかな？

- ○ きょうは 雨《あめ》です。
- □ きょうは 雨《あめ》だ。

- □ 早《はや》おきする。
- ○ 早《はや》おきします。

ねるまえに もういちど

★ていねいな いいかたは、「です」か 「ます」。

つかって みると いいぞう。

★こんやおぼえること

おんどくしよう

こくご

★ていねいな いいかたは、

「です」か「ます」。

一年生《いちねんせい》です！
ねこです！
がんばります！
パチ パチ パチ
ワー
ワー

おなじ なかま の ことばを、まとめて いう ことばが あります。

もんだい

下《した》の ことばを まとめて いう ことばを、□に 入《い》れよう。

- やさい
  - なす
  - きゅうり
  - にんじん
- とり
  - すずめ
  - からす
  - はと
- のりもの
  - じどう車《しゃ》
  - ひこうき
  - ふね

ねるまえに もういちど

「ねこ」「うま」「たぬき」は、「どうぶつ」だ。

ぞうも、どうぶつだぞう。

「ねこ」「うま」「たぬき」は、
「どうぶつ」だ。

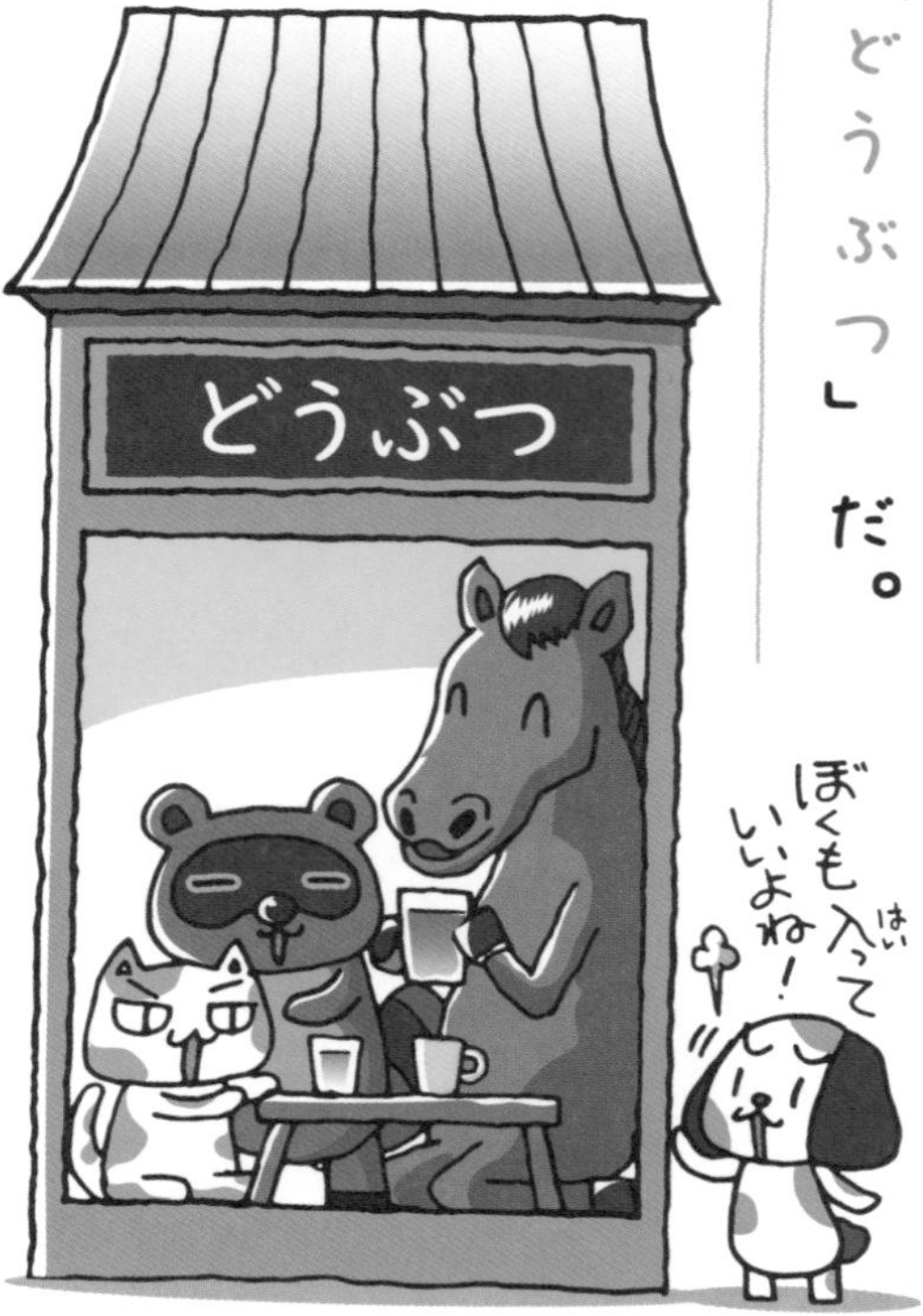
どうぶつ
ぼくも入《はい》って
いいよね！

★こんやのおさらい

はなした ことばを かく ときは、
かぎ（「 」）を つけます。

れい

　まゆみさんが、
「いっしょになわとびしよう」。
と、さそいにきました。

ねるまえに もういちど

はなした ことばには、
かぎ（「 」）が つく。

さく文《ぶん》を かく ときに、
やくだつぞう。

11.「　」(かぎ)の　つかいかた

□　がつ　にち
□　がつ　にち

★ はなした ことばには、
かぎ（「　」）が つく。

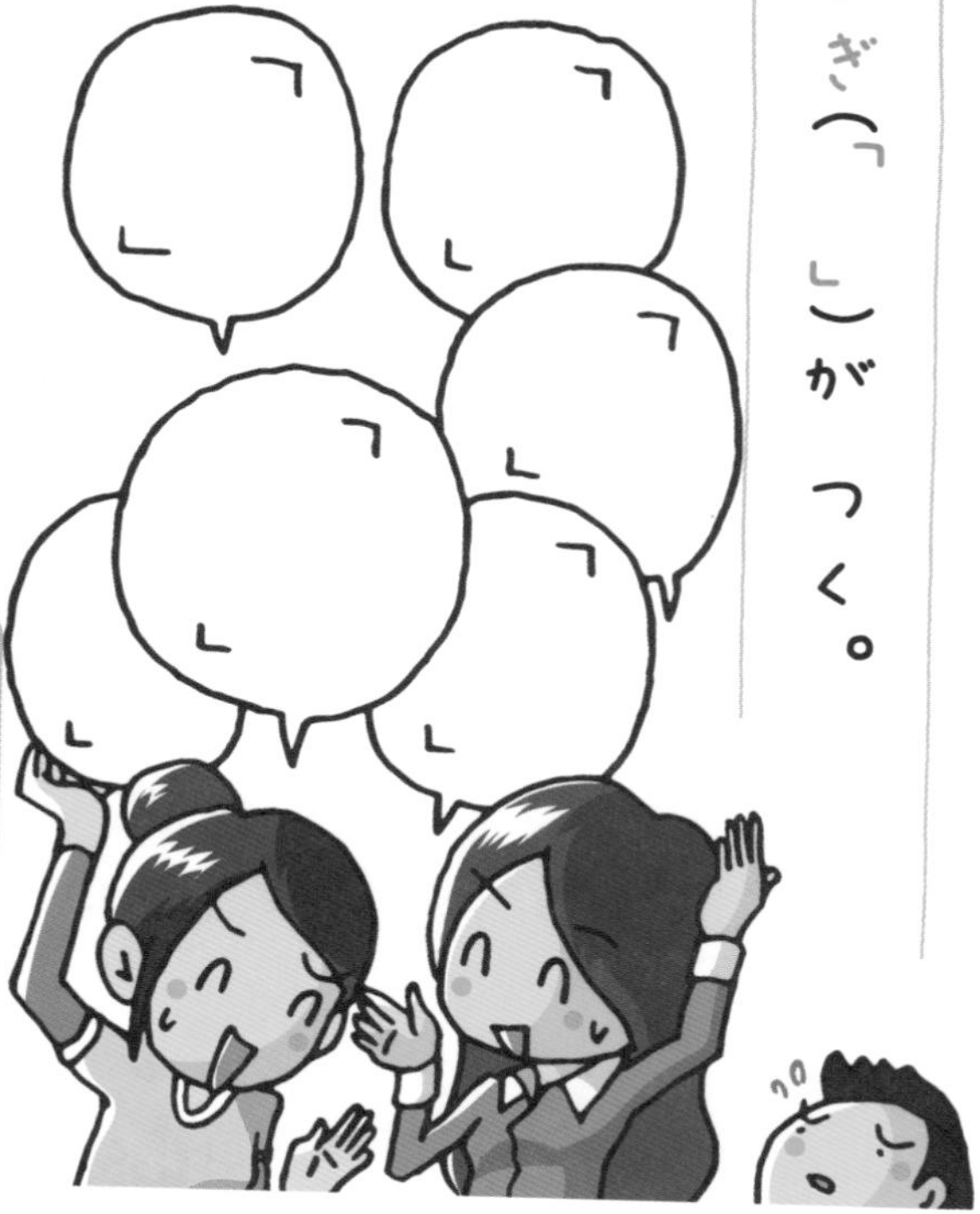

★こんやの おさらい

てん（、）は 文《ぶん》の きれめ、
まる（。）は 文《ぶん》の おわりに つけます。

れい　ぼくは［、］かいものに いった［。］

てん（、）の つけかたで、いみが かわります。

れい　犬《いぬ》は、ねこと ねずみを おいかける。
犬《いぬ》は ねこと、ねずみを おいかける。

ねるまえに もういちど

てん（、）を つける ところで、
文《ぶん》の いみが かわる。

おもしろいぞう。

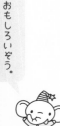

てん(、)を つける ところで、
文《ぶん》の いみが かわる。

ねこが ねずみと、
さかなを たべる。

ねこが、 ねずみと
さかなを たべる。

★こんやの おさらい

★「だれ(なに)が どうする。」と いう かたちの 文《ぶん》が あります。

れい

(だれが)　(どうする)

・女《おんな》の子《こ》が わらう。

(なにが)　(どうする)

・車《くるま》が はしる。

ねるまえに もういちど

★なにが どうする。「犬《いぬ》が ほえる。」「にくが おちる。」

「だれ(なに)が どうする。」の 文《ぶん》を つくって みるぞう。

★ なにが どう する。

「犬《いぬ》が ほえる。」

「にくが おちる。」

★こんやのおさらい

★かたかなにも、小《ちい》さく かく

ッ・ャ・ュ・ョが あります。

れい

コップ　ベッド

キャベツ・ジャム

ジュース・ニュース

チョーク・チョコレート

かたかなの 小《ちい》さい「ャ・ュ・ョ」も、上《うえ》の 文字《もじ》と あわせて 一音《いちおん》です。

ねるまえに もういちど

★「ケチャップ」は 小《ちい》さい「ャ」と「ッ」を わすれずに。

8. 小《ちい》さい「ッ」「ャ・ュ・ョ」の つく ことば

□ がつ　にち
□ がつ　にち

「ケチャップ」は 小《ちい》さい
「ャ」と「ッ」を わすれずに。

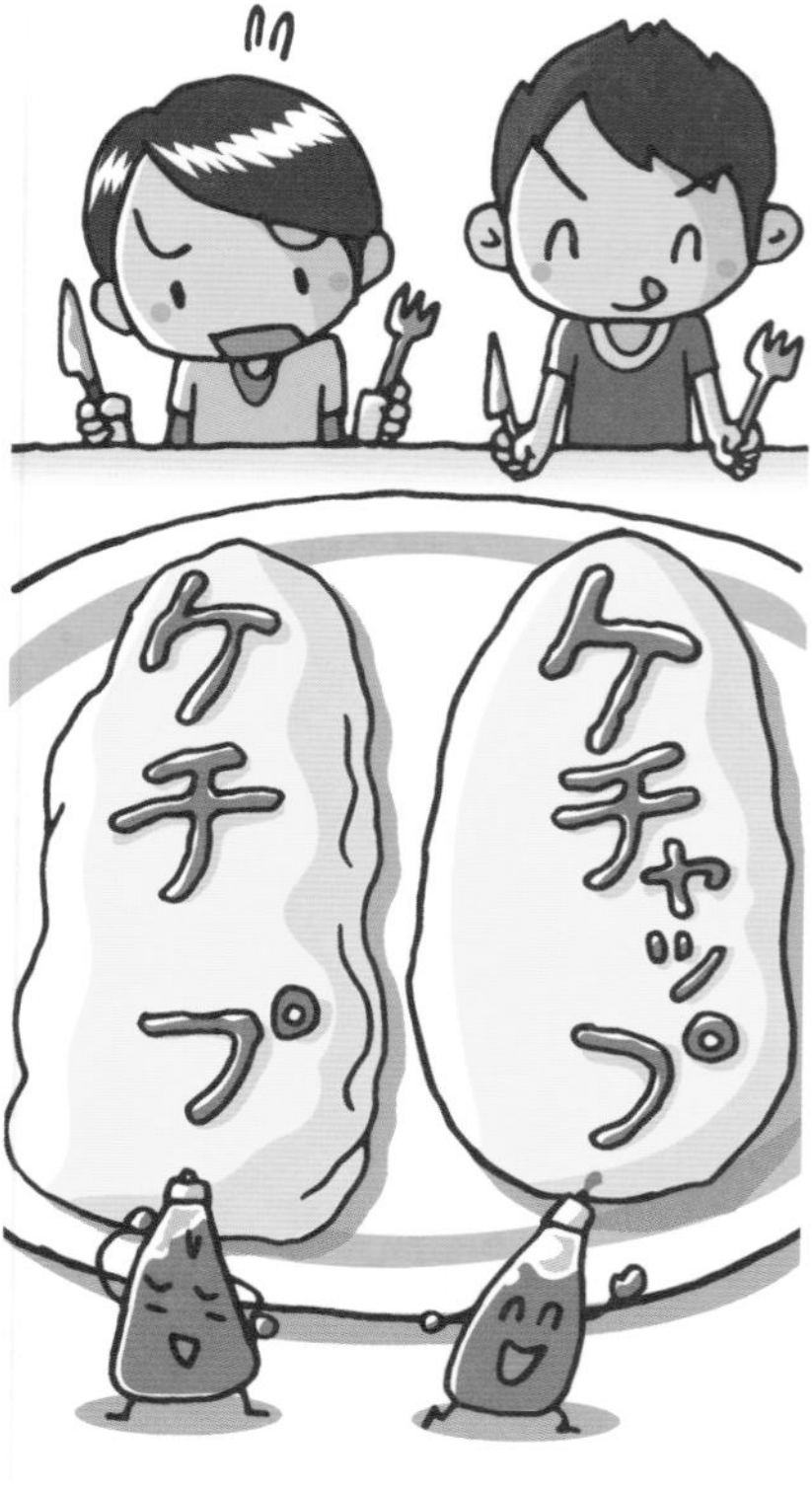

★こんやの おさらい

かたかなの のばす 音《おん》は、

ー の しるしを つかって かきます。

れい

・スープ 

・ケーキ 

・チーズ 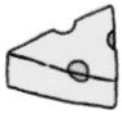

・サッカー

・スケート

・セーター

・シャワー

・ジュース

・シーソー

ねるまえに もういちど

かたかなの のばす 音《おん》の しるしは、「ー」だ。

「ー」の つく ことばを さがして みるぞう。

★★★かたかなの　のばす　音《おん》の
しるしは、「ー」だ。

★こんやの おさらい

ことばの あとに つけて つかう

「は」「を」「へ」は、
「わ」「お」「え」と よみます。

れい
・いわは かたい。
・かおを あらう。
・えきへ いく。

ねるまえに もういちど

わたしは おさらを へやへ もって いく。

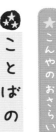

わたしは　おさらを　へやへ
もって　いく。

★こんやの おさらい

★★★「びよ」は 二音《におん》、「びょ」は 一《いち》音《おん》です。

「しや」は 二音《におん》、「しゃ」は 一《いち》音《おん》です。

小《ちい》さい「ゃ」「ゅ」「ょ」は、上《うえ》の 文字《もじ》と あわせて 一音《いちおん》です。

れい

しゃしん　おもちゃ

あくしゅ　きゅうり

きんぎょ　としょかん

ねるまえに もういちど

★★★「びょういん」の 「いしゃ」、「びよういん」の 「いしや」。

ことばの ちがいに 気《き》づいた きみは すごいぞう。

□ がつ にち
□ がつ にち

★こんや おぼえること

おんどくしよう

「びょういん」の「いしゃ」、
「びよういん」の「いしや」。

びょういん
いしゃ

びよういん
いしや

★こんやの おさらい

★小《ちい》さい「っ」が つくか つかないかで、ちがう ことば に なります。

れい

ねこ　ねっこ

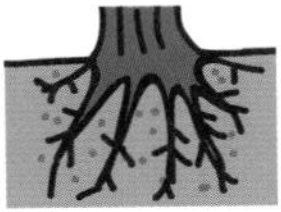

さか　さっか

せけん　せっけん

ねるまえに もういちど

★「まくら」に 小《ちい》さい「っ」が ついて、「まっくら」。

小《ちい》さい「っ」の つく ことばを さがして みると いいぞう。

★「まくら」に 小《ちい》さい 「っ」が ついて、「まっくら」。

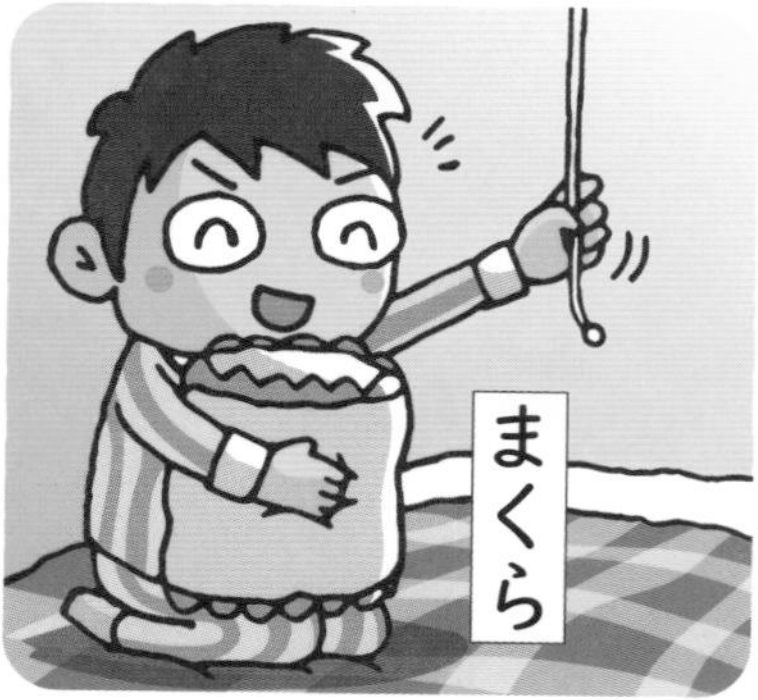
まくら

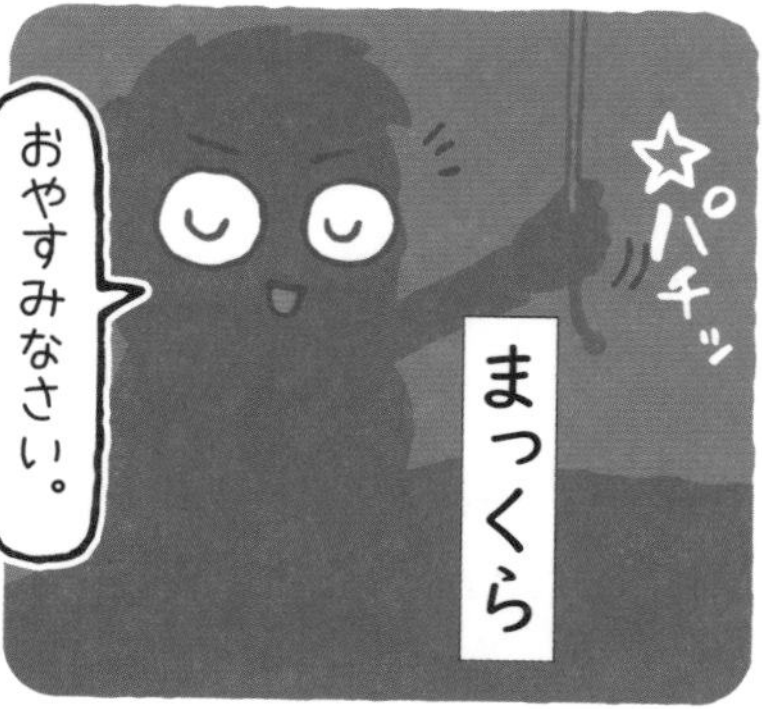
パチッ
まっくら
おやすみなさい。

★こんやのおさらい

★★★「エー」、「オー」と のばす音《おん》は、
かきかたに ちゅういします。

れい 「エー」と のばす 音《おん》は、「い」か「え」と かきます。

おね**え**さん
とけ**い**

れい 「オー」と のばす 音《おん》は、「う」か「お」と かきます。

こ**お**り
ほ**う**き

ねるまえに もういちど

★★★「オー」と のばす 音《おん》、「おとうさん」は「う」、
「おおかみ」は「お」。

まちがえやすいから、ちゅういだぞう。

★★★
「オー」と のばす 音《おん》、

「おとうさん」は 「う」、

「おおかみ」は 「お」。

★こんやの おさらい

★゛（てんてん）が つくか つかないかで、
ちがう ことば に なります。

れい

かき

かぎ

まと

まど

こま

ごま

ねるまえに もういちど

★「ふた」に ゛（てんてん）が ついて、
「ぶた」と「ふだ」。

ことばの へんしんだぞう。

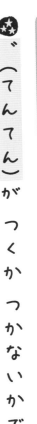

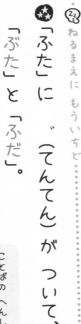

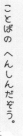

□　がつ　にち
□　がつ　にち

★こんやおぼえること

おんどくしよう

★★★「ふた」に　゛（てんてん）が　ついて、
「ぶた」と「ふだ」。

★こんやの おさらい

「か」は 一《いち》文字《もじ》、「いか」は 二《に》文字《もじ》、
「すいか」は 三《さん》文字《もじ》で できた ことばです。

れい

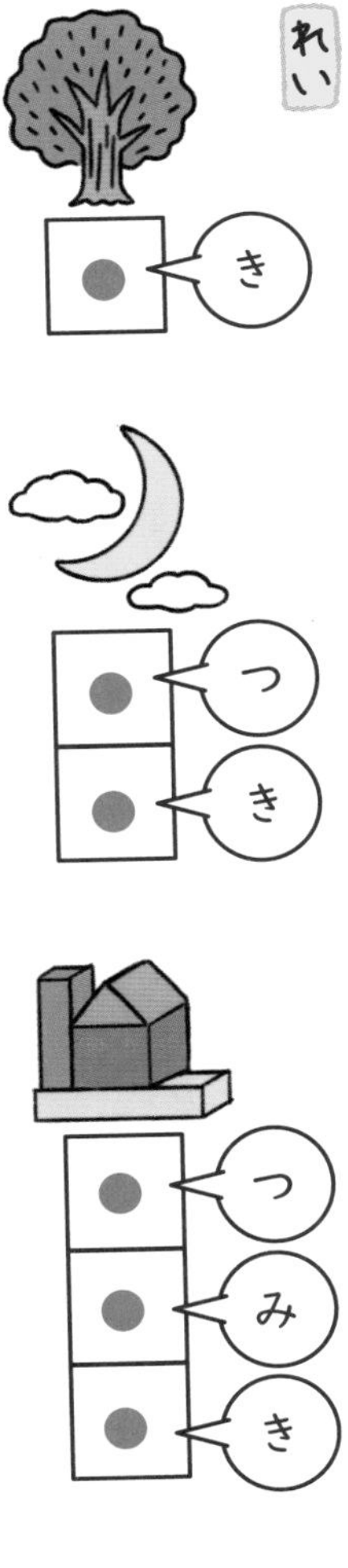

ねるまえに もういちど

「すいか」の 中《なか》に 「いか」、
「いか」の 中《なか》に 「か」。

こえに 出《だ》して
よんで みるぞう。

□ がつ　にち
□ がつ　にち

★こんやおぼえること

おんどくしよう

「すいか」の中《なか》に「いか」、

「いか」の中《なか》に「か」。

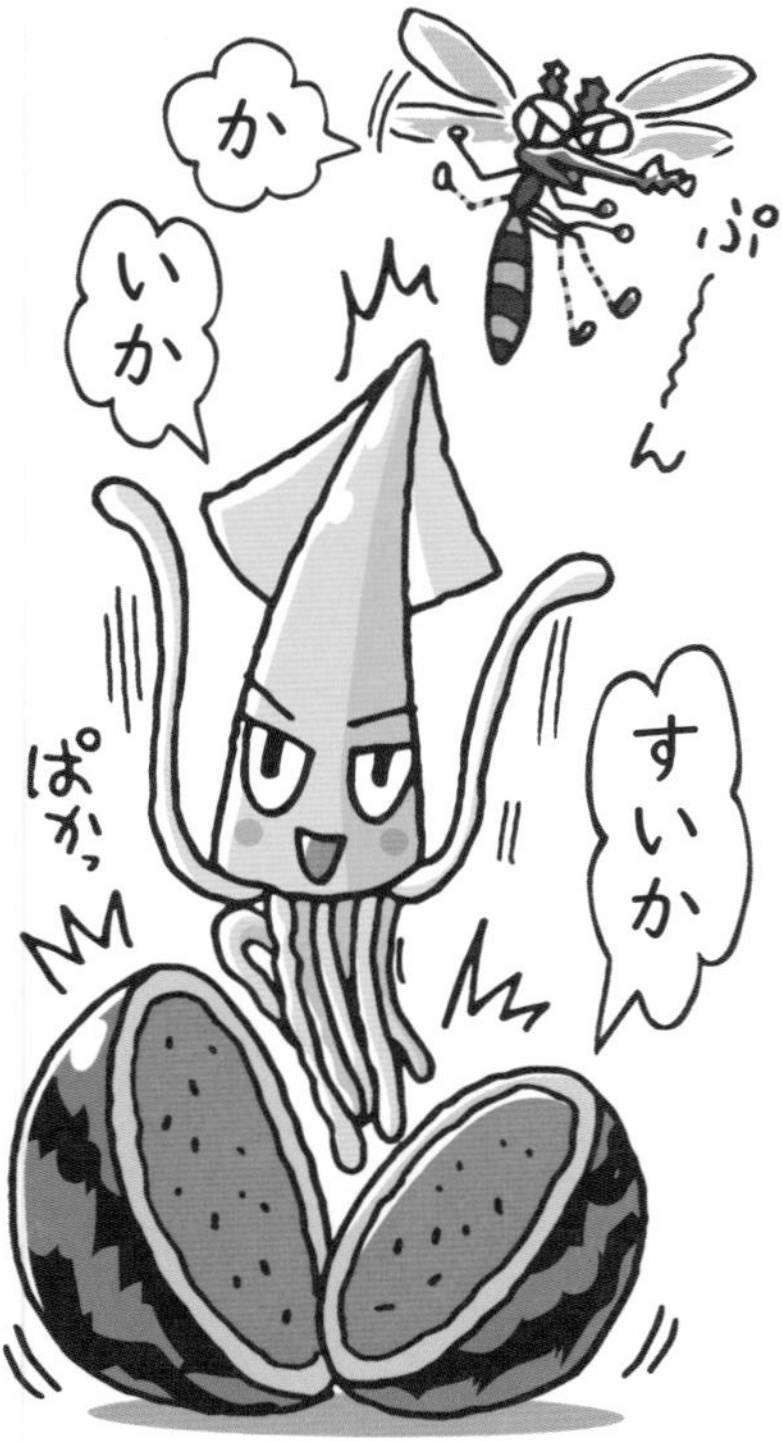

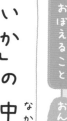

こくごは
こちらがわから
はじまるよ!

編集協力：西川かおり，入澤宣幸，長谷川千穂，有限会社マイプラン（近田伸夫，岩﨑麻子）

表紙・本文デザイン：山本光徳
本文イラスト：山本光徳，さち，まつながみか，さとうさなえ，池田圭吾，池田蔵人，
ヤス・タグチータ プレミアム，かつまたひろこ，東山昌代，
さやましょうこ（マイプラン），たむらかずみ
DTP：株式会社明昌堂　データ管理コード：23-2031-3064（CC2018／2021）
図版：株式会社明昌堂，株式会社アート工房

※赤フィルターの材質は「PET」です。

◆この本は下記のように環境に配慮して製作しました。
・製版フィルムを使用しないCTP方式で印刷しました。
・環境に配慮して作られた紙を使用しています。

寝る前5分 暗記ブック 小1